Dieux et déesses hindous
Introduction aux divinités hindoues

VIVIKTHA VENKATANARASIMHARAJUVARIPETA
Illustré par **SANSKRITI SHUKLA**

Agni

Dans la mythologie hindoue, Agni est le dieu du feu et l'une des divinités les plus importantes. et l'une des divinités les plus importantes. Il est représenté comme ayant une apparence de feu, souvent accompagné de deux têtes et de bras multiples.

On attribue à Agni le pouvoir de transformer et de purifier. et de purifier, et il est au cœur des rituels et des offrandes. Il est également considéré comme un médiateur entre entre les humains et les dieux, portant les prières et les sacrifices aux cieux.

Les capacités destructrices d'Agni sont également reconnues, car le feu a le potentiel de causer de grands dégâts.

Dans l'ensemble, Agni est vénéré comme un symbole d'énergie, vitalité et de transformation.

Brahma

Brahma est une divinité importante de l'hindouisme, souvent désignée comme le créateur de l'univers.

Il fait partie de la Trimurti, avec Vishnu et Shiva, représentant respectivement les aspects de la création, de la préservation et de la destruction.

Brahma est représenté avec quatre têtes, symbolisant ses vastes connaissances et sa sagesse, et quatre bras, représentant les quatre Vedas.

Malgré son statut de divinité majeure, le culte de Brahma est moins répandu dans l'hindouisme moderne que celui de Vishnu et de Shiva.

Durga

Durga est une déesse puissante connue pour sa force, son courage et sa nature féroce. Elle est représentée comme une déesse guerrière, souvent montée sur un lion et brandissant des armes dans ses multiples bras.

Durga aurait été créée par les dieux pour vaincre le démon buffle Mahishasura, symbolisant ainsi le triomphe du bien sur le mal. Elle incarne l'énergie féminine et est vénérée comme la mère divine, qui protège et guide ses fidèles.

Durga est célébrée pendant le festival de Navaratri, où ses différentes formes et attributs sont honorés. Elle représente la détermination inébranlable à relever les défis et à surmonter les obstacles, ce qui est synonyme d'autonomisation et de transformation.

Ganesha

Ganesha est une divinité largement vénérée, connue comme étant celle qui lève les obstacles et le dieu des commencements. Il est représenté sous la forme d'un personnage à tête d'éléphant et au corps arrondi et bedonnant.

Ganesha est souvent représenté avec plusieurs bras, tenant divers objets symboliques tels qu'une fleur de lotus, une hache ou un modak (une friandise).Il est également représenté chevauchant une souris, son véhicule divin.

Ganesha est vénéré pour sa sagesse, son intelligence et sa capacité à surmonter les difficultés. Il est vénéré avant de se lancer dans une nouvelle entreprise ou de rechercher le succès dans divers aspects de la vie.

Ganesha est très apprécié dans l'hindouisme et est célébré lors du festival de Ganesh Chaturthi, au cours duquel ses idoles sont décorées avec soin et vénérées par les fidèles.

Hanuman

Hanuman est une divinité bien-aimée, connue pour sa dévotion inébranlable et sa force inégalée. Il est représenté avec un visage de singe et un corps musclé, souvent représenté dans une teinte rougeâtre.

Hanuman est vénéré comme l'incarnation de la loyauté, du courage et de l'altruisme. Il a joué un rôle crucial dans l'épopée du Ramayana, où il a aidé le seigneur Rama dans sa quête pour sauver sa femme, Sita, du roi démon Ravana.

Hanuman possède des pouvoirs extraordinaires et est considéré comme la divinité protectrice des lutteurs, des athlètes et de tous ceux qui recherchent la force et la protection contre les obstacles.

Il est vénéré avec beaucoup de respect et de dévotion, en particulier le mardi, et son chant populaire "Jai Hanuman" est récité par ses fidèles afin d'obtenir ses bénédictions et ses conseils.

Krishna

Krishna est une divinité majeure vénérée pour sa beauté divine, son charme et son rôle de huitième avatar du Seigneur Vishnu. Il est représenté sous la forme d'un personnage à la peau bleue, au visage souriant et aux cheveux ornés de plumes de paon.

Krishna est généralement représenté jouant de la flûte, symbolisant son amour pour la musique et sa capacité à enchanter les autres.
Il est connu pour ses espiègleries dans l'enfance et ses enseignements dans l'épopée du Mahabharata, où il transmet à son disciple, Arjuna, une profonde sagesse et une grande perspicacité sous la forme de la Bhagavad Gita.

Krishna est vénéré comme l'Être suprême, le dispensateur de l'amour, de la joie et du bonheur, et il est largement vénéré pour son espièglerie divine, sa compassion et les conseils qu'il prodigue pour mener une vie vertueuse. Ses fidèles célèbrent des fêtes comme Janmashtami et Holi avec beaucoup d'enthousiasme et de dévotion.

Kurma

Deuxième avatar de Vishnu, Kurma prend la forme d'une tortue géante pour supporter le poids du mont Mandara lors du barattage de l'océan par les dieux et les démons.

Cet événement épique, connu sous le nom de Samudra Manthan, a pour but de récupérer l'élixir d'immortalité, symbole de stabilité et d'endurance, Symbolisant la stabilité et l'endurance, Kurma sert de fondement à la création de l'univers et représente l'importance de l'équilibre et de la patience dans la vie.

Kurma est souvent représenté sous la forme d'une tortue majestueuse à l'aura divine. Il est vénéré pour son rôle dans le façonnement du monde et le maintien de l'ordre cosmique.

Lakshmi

Lakshmi, déesse hindoue de la richesse, de la prospérité et de la fortune, est l'une des divinités les plus vénérées et les plus adorées de la mythologie indienne.

Considérée comme l'épouse du Seigneur Vishnu, Lakshmi est représentée comme une déesse belle et de bon augure, dotée de quatre bras, tenant souvent des fleurs de lotus et d'autres symboles d'abondance.

Elle est associée à l'idée de richesse matérielle et spirituelle, ainsi qu'à la fertilité et à la chance. Les fidèles recherchent sa bénédiction pour atteindre la prospérité financière, le succès et le bien-être général dans leur vie.

Lakshmi est célébrée lors du festival de Diwali, où sa présence est censée apporter joie et prospérité dans les foyers et les entreprises. En tant que divinité représentant l'abondance, Lakshmi incarne les idéaux de prospérité, de générosité et de croissance spirituelle.

Kali

Kali est une déesse redoutable et puissante de la mythologie hindoue. Elle est souvent représentée sous la forme d'un personnage à la peau sombre, aux cheveux sauvages, à la langue proéminente et portant une guirlande de têtes humaines.

Kali est l'incarnation de la liberté, de la destruction et du temps. Elle est la destructrice des forces du mal et est souvent associée à la mort et à la transformation.

Malgré son apparence terrifiante, Kali représente aussi l'amour maternel et la protection, en particulier envers ses fidèles. Elle est vénérée pour l'éveil spirituel.

Kali est souvent invoquée en période de crise ou lorsque l'on cherche à surmonter des obstacles, car son énergie est considérée comme féroce et transformatrice.C'est une divinité complexe et aux multiples facettes, qui incarne à la fois les aspects destructeurs et nourriciers du divin féminin.

Narasimha

Narasimha est une divinité importante de la mythologie hindoue qui combine des formes humaines et animales. Il a la tête d'un lion et le corps d'un humain.

Narasimha est considéré comme la quatrième incarnation du Seigneur Vishnu et symbolise la protection divine et la justice. Il est souvent vénéré pour son courage et sa capacité à détruire les forces du mal.

Narasimha est connu pour sa férocité : il a notamment vaincu le roi démon Hiranyakashipu, qui semait le chaos et tourmentait le monde.

Les fidèles recherchent sa bénédiction pour surmonter les obstacles et la peur, et pour bénéficier de la protection divine et de la libération.

Narasimha est vénéré lors du festival de Narasimha Jayanti, au cours duquel ses fidèles offrent des prières et accomplissent des rituels pour honorer sa présence divine.

Nataraja

Nataraja est une divinité importante de la mythologie hindoue, représentant le Seigneur Shiva dans sa forme de danse cosmique.

En équilibre sur une jambe, Nataraja exécute le Tandava, une danse vigoureuse et dynamique qui symbolise le cycle continu de la création, de la préservation et de la destruction dans l'univers.

La danse de Nataraja est censée maintenir l'ordre cosmique et le rythme de la vie.

La main supérieure droite de Nataraja tient un tambour, symbolisant le son de la création, tandis que la main supérieure gauche tient une flamme, représentant la destruction.

Nataraja est également représenté avec un pied levé, écrasant triomphalement l'ignorance et l'illusion.

Les dévots vénèrent souvent Nataraja pour rechercher l'inspiration, l'illumination spirituelle et la transformation à travers le symbolisme de sa danse divine.

Rama

Rama est une divinité vénérée, reconnue comme le septième avatar du Seigneur Vishnu. Il est dépeint comme un roi idéal, un mari dévoué et un fils obéissant.

Rama est connu pour ses valeurs morales inébranlables, sa droiture et son engagement à défendre le dharma (la justice). Il est souvent représenté avec un arc et des flèches, symbolisant ses talents de guerrier.

L'épopée de Rama, telle qu'elle est décrite dans les écrits hindous Ramayana, est un récit de triomphe sur l'adversité et de victoire ultime du bien sur le mal.

Son exil, la délivrance de sa femme Sita du roi démon Ravana et son retour à Ayodhya en tant que souverain légitime sont autant de chapitres importants de sa vie.

Rama reste une incarnation du courage, de l'honneur et de la vertu, et les dévots le vénèrent comme une incarnation de la conscience divine et une source d'inspiration pour mener une vie vertueuse.

Saraswati

Saraswati est une déesse vénérée dans la mythologie hindoue, connue pour incarner la connaissance, la sagesse, la créativité et les arts. Elle est souvent représentée comme une divinité belle et sereine, vêtue de blanc, symbole de pureté et d'illumination.

Saraswati est représentée jouant de la veena, un instrument de musique à cordes, signifiant le mélange harmonieux des arts et de l'intellect. Elle tient également un livre, représentant les Vedas, les anciennes écritures de la connaissance.

Saraswati est vénérée par les étudiants, les érudits et les artistes qui recherchent ses bénédictions pour la sagesse et l'inspiration. En tant que déesse de l'apprentissage, elle est censée guider et éclairer ceux qui se consacrent à la poursuite du savoir, de l'éducation et des arts.

Shakti

Shakti est une force puissante et divine souvent personnifiée comme l'énergie ou l'aspect féminin de l'Être suprême, Brahman. Également connue sous le nom de Devi ou de Grande Déesse, Shakti est l'essence créatrice et nourricière qui imprègne l'univers.

Elle est représentée sous diverses formes et manifestations, telles que Durga, Kali, Lakshmi et Saraswati, chacune représentant différents aspects de son pouvoir. Shakti est à la fois douce et féroce, incarnant les qualités de compassion, de force et de protection.

Elle est vénérée par les dévots en quête d'autonomisation, de transformation et de libération. Shakti est vénérée comme la source de toute énergie, la force motrice de la création et le catalyseur de l'éveil spirituel.

Sa présence et ses bénédictions sont invoquées lors de rituels, de cérémonies et de prières visant à exploiter son pouvoir de transformation et à s'aligner sur l'énergie universelle.

Shiva

Shiva est l'une des divinités les plus puissantes et les plus importantes de la mythologie hindoue. Souvent appelé le destructeur ou le transformateur, Shiva fait partie de la sainte trinité des dieux hindous, avec Brahma et Vishnu. Il est vénéré comme l'Être suprême, représentant à la fois les qualités masculines et féminines de la création et de la destruction.

Shiva est représenté comme un yogi, généralement en profonde méditation ou sous sa forme féroce connue sous le nom de Nataraja, le Seigneur de la danse. Il est orné d'un croissant de lune sur la tête, symbolisant le cycle du temps, et porte un serpent autour du cou, représentant sa maîtrise de l'ego et du désir.

Shiva est associé au mont Kailash, où il est censé résider avec son épouse, la déesse Parvati. Les fidèles de Shiva recherchent ses bénédictions pour l'éveil spirituel, la libération et la protection. Il est connu pour sa profonde sagesse, son détachement des attachements du monde et son rôle de guide pour les chercheurs sur le chemin de l'éveil spirituel.

www.ingramcontent.com/pod-product-compliance
Lightning Source LLC
Chambersburg PA
CBHW040059160426
43192CB00003B/112